Publications de la Société des Études Indochinoises

CARNET DE ROUTE

D'UN

PETIT MARSOUIN COCHINCHINOIS

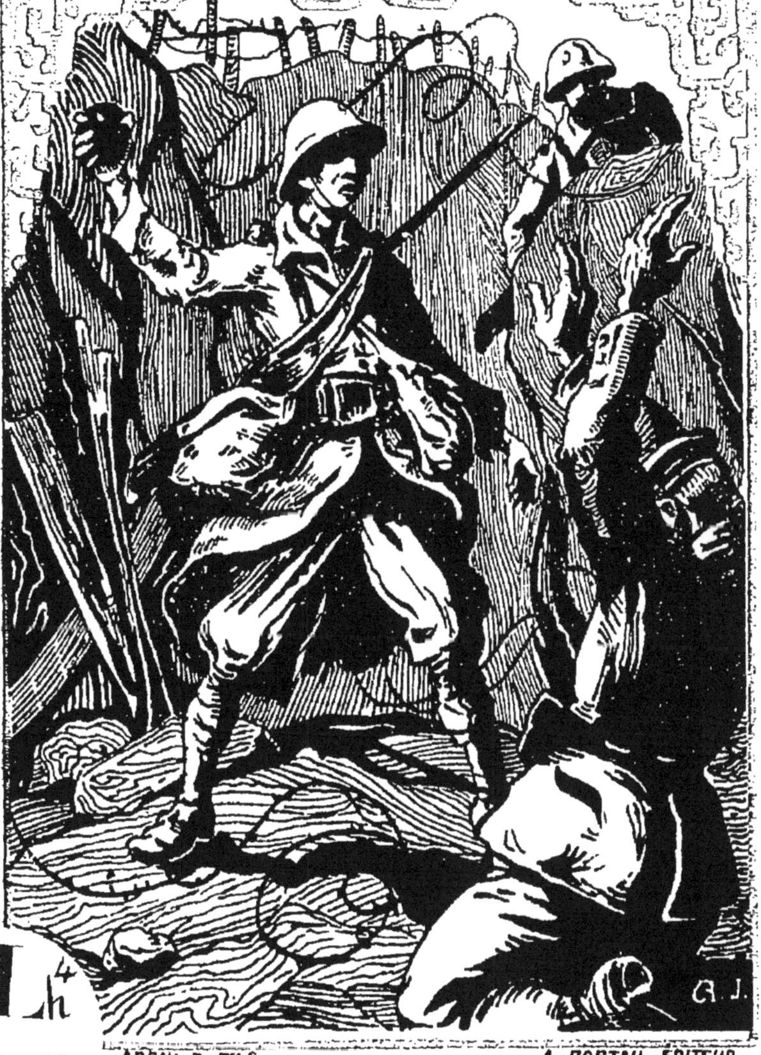

8° Lh4
2907

ARDIN & FILS

A. PORTAIL, ÉDITEUR

0$50

Vendu au profit

des ORPHELINS de la GUERRE

CARNET DE ROUTE

D'UN

PETIT MARSOUIN COCHINCHINOIS

Impressions et Souvenirs

de la

GRANDE GUERRE

8° Lh4
2907

François-Bertrand CAN

Publications de la Société des Études Indochinoises

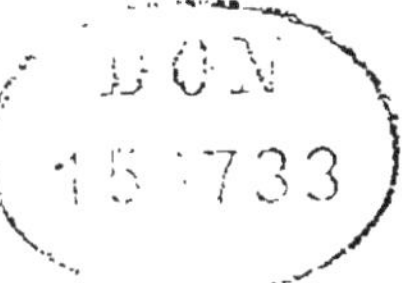

CARNET DE ROUTE

D'UN

PETIT MARSOUIN COCHINCHINOIS

Impressions et souvenirs de la Grande Guerre

par

François-Bertrand CAN

Sergent au 23e d'Infanterie coloniale
médaillé militaire

et

George DURRWELL

Président honoraire de la Cour d'Appel
de l'Indochine

SAIGON, IMPRIMERIE ALBERT PORTAIL

—

1916

J'ai le grand bonheur d'avoir en ce moment auprès de moi, durant le congé de convalescence qui lui a été accordé en attendant la liquidation de sa pension de retraite, le jeune sergent d'infanterie coloniale François-Bertrand Can, mon ancien pupille de Saigon. La campagne de guerre du vaillant petit soldat, venu volontairement en France, pour offrir ses services à la patrie en danger, a été courte mais glorieusement remplie. Blessé grièvement, le 4 octobre 1915, à l'attaque de la « Chenille de Massiges », en Champagne, il a dû subir l'amputation de l'avant-bras gauche ; et le Gouvernement de la République lui a conféré, en récompense de sa belle conduite à l'ennemi, la médaille militaire, la croix de guerre avec palme et les galons d'or de sergent.

Mon petit ami ayant eu soin de consigner les principales étapes de sa vie militaire en France, dans des notes crayonnées au jour le jour sur son carnet de route, j'ai entrepris de les coordonner avec lui. C'est ce récit émouvant et vécu, complété par des souvenirs personnels, que j'offre aujourd'hui, par l'intermédiaire de ma vieille Société des Etudes Indochinoises, aux jeunes compatriotes de Cochinchine de mon petit mutilé. Ils le liront certainement avec intérêt, en songeant à celui d'entre eux qui a souffert et versé généreusement son sang pour la France, leur grande patrie commune.

La Bretèche, Avril 1916.

George DURRWELL,
Président honoraire de la Cour d'Appel
de l'Indochine.

CARNET DE ROUTE

D'UN

PETIT MARSOUIN COCHINCHINOIS

Impressions et Souvenirs

de la

GRANDE GUERRE

Saigon, Août 1914.

Depuis quelque temps déjà, des bruits persistants de guerre imminente circulent en ville et trouvent leur écho dans notre caserne, où ils amènent une agitation inaccoutumée. L'on sent qu'un événement grave et nouveau va venir interrompre la monotonie de notre vie militaire coloniale. Le 1er août, tout se précise ; un câblogramme de l'agence Havas nous annonce d'abord la mobilisation générale, puis, le lendemain, nous apprenons avec une patriotique émotion que l'Allemagne a déclaré la guerre à la France. Les cerveaux s'échauffent, les têtes se montent et les langues vont leur train, parlant de la prochaine revanche. Engagé volontaire au 11me Colonial depuis près de trois années, j'ai appris, au contact journalier de mes camarades et de mes chefs, à aimer la France, ma grande patrie, et, aussitôt, dans mon cœur de petit Cochinchinois, naît l'ardent désir de la servir utilement : le moment est venu de faire acte d'homme et de prouver que les enfants métis de notre France d'Asie, trop injustement décriés, sont dignes d'être Français. Ma résolution est rapidement prise, et sans tarder, sans même prévenir ma mère, j'adresse au Colonel ma demande de départ comme volontaire. Mais les jours passent et j'attends en vain une réponse favorable.

Décidément, l'on a parfois beaucoup de peine à faire son devoir.

Saigon, Janvier 1915.

Une occasion se présente de renouveler ma demande de départ. Une note du Ministère de la Guerre vient d'arriver à la Place, réclamant l'envoi en France des gradés, sergents et caporaux qui en manifesteront le désir. J'ai suivi pendant la période réglementaire les cours de théorie pour les élèves caporaux et suis en instance de passer l'examen qui doit me faire obtenir les deux galons de laine rouge. Je vais donc pouvoir me joindre, peut-être, au contingent appelé. Un de mes camarades du régiment, mon ami S. . . , métis comme moi, joint sa demande à la mienne : les circonstances étant plus favorables, j'espère être plus heureux cette fois.

Saigon, Février 1915.

Je viens de subir avec succès les épreuves de l'examen définitif qui me rend apte à remplir les fonctions de caporal. Maintenant, je suis à peu près certain de partir.

Saigon, 25 Mars 1915.

Je viens de recevoir communication de mon ordre de départ : je m'embarquerai sur le *Louqsor*, qui doit quitter Saigon dans quelques jours. Le moment est venu d'aviser de ma décision ma pauvre maman chérie. Je n'ai pas eu le courage de le faire jusqu'à présent, appréhendant de voir couler ses larmes, et mon désir d'aller défendre ma patrie étant irrévocable, j'ai voulu la mettre en présence du fait accompli.

Mon cœur est plein d'une poignante émotion lorsque je lui confie enfin mon secret en lui annonçant que l'enfant qu'elle aime tant, qu'elle a entouré de si tendres soins, est prêt à la quitter pour aller à l'inconnu. Ce que j'appréhendais arrive en effet ; mais les mères de notre Asie française sont aussi courageuses que les mères de France. Après une crise de douleur, elle se ressaisit et se résigne ; elle me serre longuement sur son cœur : son doux souvenir, me dit-elle, me suivra fidèlement partout et protégera dans toutes les épreuves qu'il aura à subir, le petit, qui se sépare d'elle pour la première fois.

Ce sublime courage m'a rendu moi-même plus courageux et plus fort, et je sens que je partirai sans faiblesse.

Saigon, 29 Mars 1915.

Le *Louqsor* quitte Saigon demain. A cette heure solennelle de veille de départ, au moment de me séparer de ceux qui me sont chers et de cette douce Cochinchine, où s'est écoulée mon insouciеuse enfance, tous les souvenirs qui m'y attachent si étroitement se fixent nettement dans ma mémoire. Je revis en un instant les heureux jours passés et mes yeux se remplissent de larmes. Mais c'est à l'avenir qu'il faut songer maintenant, et je pars sans regret, en pensant au devoir qui m'appelle là-bas, sur la lointaine terre de France où l'on se bat.

A bord du Louqsor, *30 Mars 1915.*

Le *Louqsor* a levé l'ancre et quitté l'appontement des Messageries Maritimes à midi précis. — Dès l'aube naissante, vers 7 heures du matin, nous avons quitté la caserne pour nous rendre à bord. Nous sommes un groupe de 80 volontaires qui défilent en bon ordre, clairons en tête, dans les rues presque désertes de notre Saigon encore ensommeillé. La musique militaire qui accompagne d'ordinaire jusqu'à l'appontement les détachements qui partent, nous a fait faux bond, je ne sais sous quel prétexte, et ce contre-temps, particulièrement fâcheux dans la circonstance, attriste un peu notre départ. A bord, après une installation sommaire dans la batterie qui nous est affectée, nous remontons sur le pont. — Le warf commence à se peupler. Voici d'abord ma famille ; mère et sœurs, tous sont là pour donner une dernière accolade à celui qui s'en va à la périlleuse aventure de guerre. Ma chère maman retient courageusement ses larmes et fait bonne contenance pour ne pas attrister son enfant. Ces dernières minutes passées auprès d'elle resteront toujours présentes à ma mémoire.

Puis, peu à peu, arrivent les autorités ; le colonel M..., accompagné des officiers du 11me colonial, gravit l'un des premiers l'échelle du bord. Derrière lui paraît le Gouverneur lui-même : le chef de la colonie n'a pas voulu nous laisser partir sans nous apporter le dernier salut de la petite patrie cochinchinoise. Le Colonel, de son côté, adresse à chacun d'entre nous un mot réconfortant et paternellement amical ; il donne à chacun une chaleureuse poignée de mains. Cependant, les minutes s'écoulent rapidement et l'heure du départ approche. Un coup de cloche pour faire évacuer le bord par ceux qui restent, une dernière et intime embrassade et nous voilà partis. Le *Louqsor* s'éloigne lentement de l'appontement. Appuyé sur le bastingage, je regarde longuement tout ce que je laisse derrière moi, tout ce qui m'est également cher, petit pays natal et famille bien-aimée. Tout disparaît au premier coude de la rivière.

Vers 6 heures, nous passons au pied du phare du Cap St-Jacques. Puis, peu à peu, les côtes de la terre d'Annam s'effacent dans la brume du soir ; je n'ai plus autour de moi que la mer infinie ; et je me sens affreusement seul.

Marseille, 6 mai.

Nous sommes arrivés à Marseille hier soir à 7 heures, et aussitôt débarqués.

Le long voyage a été rendu particulièrement pénible et fastidieux par une nourriture très médiocre, et, surtout, par d'interminables gardes que nous avons été contraints de monter autour d'un groupe de prisonniers boches que le *Louqsor* ramène en France : ce sont des légionnaires gravement compromis dans une récente mutinerie qui a mis en émoi notre colonie tonkinoise. Les lascars, dont nous avons été obligés d'assurer le ravitaillement journalier, ont été installés dans la cale, pêle-mêle avec les malles et les colis, y compris deux cercueils contenant les dépouilles mortelles de deux colons indochinois morts loin de la mère patrie. La société, cercueils et boches, est plutôt lugubre.

Entre temps, j'ai cependant trouvé une distraction qui m'est particulièrement chère. Le soir, à la nuit close, je monte sur le pont pour m'étendre longuement sur une chaise longue. Là, dans le grand repos des choses, je songe infiniment, en contemplant mélancoliquement l'infini qui m'entoure, mer calme et pur ciel étoilé.

A noter cependant quelques menus faits qui viennent interrompre la monotonie des interminables journées de bord.

Après avoir brûlé l'escale de Singapoure, contaminée par une épidémie de peste, nous arrivons à Colombo, au bout de dix jours de calme traversée. Un pénible incident nous y attend. Deux soldats du onzième, dans leur ardent désir de rejoindre le front, se sont embarqués clandestinement au départ de Saigon, et cachés dans la batterie, ont échappé jusqu'alors à la vigilante surveillance du bord.... A Colombo, afin d'éviter d'être portés déserteurs, ils se présentent spontanément au Capitaine commandant le détachement pour lui expliquer leur cas particulièrement délicat. L'Officier, lié par les inexorables règlements de la discipline militaire, se voit alors contraint, à contre cœur, de les faire débarquer sous escorte : les deux braves attendront là le passage du prochain bateau qui doit les ramener à Saigon, où les attend, sans aucun doute, une rigoureuse punition. Je ne puis m'empêcher de comparer leur triste sort à celui de certains embusqués de ma connaissance, qui ont su, en trouvant d'obligeants permutants, éviter les risques du départ et continuent à vivre paisiblement sous le grand soleil de Cochinchine.

Je profite de quelques heures de liberté pour visiter la ville et ses environs dont la luxuriante verdure me rappelle celle de mon petit pays d'Annam. L'impression est bonne, mais rien n'égale, à mes yeux de petit exilé, le cher Saigon que je viens de quitter.

Arrivée à Djibouti le 20. Visite obligatoire au quartier somalis, au cours de laquelle je remarque surtout la répugnante malpropreté des cases et de leurs hôtesses mal blanchies. Je regagne le bord écœuré et..... couvert de puces. Ce n'est certes pas Djibouti que je choisirai pour y prendre ma retraite.

Nous entrons maintenant dans la mer Rouge. La chaleur devient intolérable dans notre batterie, et je passe sur le pont la plupart de mes heures de loisir. A deux ou trois jours de Djibouti, un navire de guerre, battant pavillon anglais, nous barre la route et nous somme de stopper ; c'est un contre-torpilleur chargé d'assurer la police de la mer et de vérifier les papiers de route des bateaux marchands de passage. Après une courte manœuvre, il accoste le *Louqsor* ; un groupe d'officiers de marine monte à bord, et la visite commence. Elle est rapidement terminée et nous sommes autorisés à continuer notre voyage, pour être arrêtés à nouveau quelques heures après. Nous approchons décidément de la zone des hostilités. Cette formalité de surveillance se renouvellera d'ailleurs encore par deux fois en Méditerranée.

La traversée du canal de Suez m'a laissé un souvenir particulièrement impressionnant. Nous abordons, dès l'entrée, une véritable forteresse. Les hautes berges de sable ont été transformées en remparts crénelés garnis de nombreuses pièces d'artillerie. Dans la plaine infinie se dressent à perte de vue de longues files de tentes grises autour desquelles campe et fourmille une multitude de troupes anglaises et arabes. Une activité insolite anime maintenant ces lieux habituellement mornes et déserts. Les gares elles-mêmes sont transformées en autant de petits bastions. Sur notre passage, le long des rives du canal, les soldats, en tenue de campagne, accourent et se pressent en foule, nous accueillant avec de bruyants « hourras », auxquels nous répondons joyeusement. Ce spectacle guerrier réchauffe les cœurs et leur donne confiance. Les Turco-Boches n'ont qu'à se présenter avec leurs pachas et leurs chameaux, ils trouveront certainement à qui parler.

A Port-Saïd, le croiseur *Desaix*, ancré devant la ville, nous reçoit aux accents de la *Marseillaise*, tandis que les drapéaux échangent les saluts réglementaires et que les hommes d'équipage, rangés le long des bastingages ou perchés sur les haubans, nous acclament gaiment. Cependant, un aéroplane, survolant le *Louqsor*, jette sur le pont du bateau un magnifique bouquet orné d'un ruban aux trois couleurs. Une émotion intense étreint mon cœur et mes paupières se mouillent de douces larmes. C'est la France elle-même qui vient ainsi souhaiter la bienvenue au petit « pays chaud », qui lui-même vient à elle. J'ai éprouvé le même émoi lorsque, quelques jours après, l'on me montre à l'horizon, encore indécises dans la brume, les côtes de Provence. Vive la France !

Marseille, 7 Mai.

Notre détachement a été cantonné dans les vastes bâtiments du Sacré-Cœur, transformé en dépôt. Ce matin, en me levant tout dispos, heureux de fouler enfin le sol de France, je me sens pris de l'ardent désir de visiter sans tarder toutes ces choses si nouvelles pour moi. J'en avise mon camarade S...et nous voilà partis tous deux en reconnaissance. Nous gravissons d'abord allègrement les pentes escarpées qui mènent au sanctuaire de Notre-Dame de la Garde, bien connu des marsouins et des marins : de là, nous dominons tout le paysage environnant,la grande cité et son port, la campagne provençale et la bleue Méditerranée,le tout illuminé par un gai rayon de soleil printanier. Ce n'est plus, hélas ! mon ardent soleil de Cochinchine, mais il réchauffe quand même. Puis nous dévalons à travers les rues de la grande ville, regardant et regardés : « Ce sont des petits Annamites, ils ont bonne allure ! », chuchote-t-on sur notre passage. Certaines femmes se retournent même pour nous suivre des yeux et nous les imitons sans vergogne : C'est flatteur, après tout. L'animation qui nous entoure nous surprend ; puis c'est le frappant contraste que présentent entre elles, suivant les quartiers, les voies que nous parcourons au hasard de notre course vagabonde. A la Cannebière, dans la rue de Noailles, aux allées de Meilhan qui lui font suite,tout vit d'une vie intense, tout est clair et gai. Ce sont, au contraire, aux abords du Vieux-Port, d'étroites ruelles sombres et malpropres, aux maisons noires et lézardées, aux chaussées odieusement pavées ; et cela ne sent pas bon.

Après une longue promenade, nous rentrons au quartier à l'heure de la soupe, fourbus mais contents. Nous sommes en France.

Marseille, 14 Mai.

Nous avons reçu ce matin notre ordre de départ ; il est fixé à demain. Je suis appelé au 23ᵉ Colonial dont le dépôt est à Paris. En route donc pour Paris ! Je quitterai Marseille avec le seul regret de me séparer de mon ami S..., qui doit, de son côté, rejoindre à Perpignan le 24ᵉ Colonial, pour lequel il a été désigné. Je perds en lui un fidèle compagnon des bons et des mauvais jours.

Paris, 19 Mai. Bastion 82.

Nous sommes arrivés à Paris hier matin seulement, après un long et fatigant voyage. Notre train a mis, en effet, près de trois jours à franchir la distance qui sépare Marseille de Paris. C'est un record !

Au départ, l'on nous a d'ailleurs distribué pour trois journées de vivres, pain, saucisson, œufs et fromage de Hollande ; ce fut une sage précaution.

J'ai eu jusqu'à Avignon, pour voisines de compartiment, une brave campagnarde provençale et sa fillette, âgée de 13 à 14 ans. L'espiègle enfant s'amuse à me questionner et à faire causer le petit soldat qui vient de loin. Je m'y prête volontiers ; son gentil babil, agrémenté d'un pur accent du crû et relevé d'une fine pointe d'ail, me charme et me distrait ; et nous nous entretenons ainsi gaiment, tandis que la maman, mise en appétit par la longueur de la route, taille une ample brèche dans mes provisions. Elle paraît apprécier tout particulièrement la « tête de mort », qui est une nouveauté pour elle. En me quittant, à Avignon, ma gentille compagne de voyage me plaque sur les joues deux sonores et fraternels baisers : l'innocente caresse de la mignonne petite provençale me portera peut-être bonheur.

Cependant, notre train se traîne lamentablement, et les heures succèdent aux heures. Les arrêts dans les gares sont particulièrement longs et fastidieux : nous en profitons pour nous restaurer en faisant honneur aux rafraichissements que les Dames de la Croix-Rouge nous offrent gracieusement. Enfin, nous arrivons, fourbus et talés. Le train stoppe sous le grand hall de la gare de Lyon, et après une rapide collation, nous voilà déambulant à travers les rues ensommeillées du grand Paris, nous acheminant, sous la conduite d'un adjudant, vers le dépôt du régiment, au boulevard de Port-Royal.

C'est là que j'ai reçu avis de mon affectation à la 28e compagnie, cantonnée au bastion 82, sur les fortifs. J'ai rejoint à midi le nouveau gîte qui m'était assigné : j'y attendrai désormais, avec une impatience mal contenue, mon ordre de départ au front.

Paris, 20 Mai. Bastion 82
Boulevard Jourdan.

Après une bonne nuit de repos, je me suis levé dispos et complètement remis des fatigantes tribulations du voyage ; et puis me voilà à Paris, une étape de plus a été franchie. J'ai reçu, à mon réveil, avis de ma promotion au grade de caporal pour prendre rang du 1er janvier 1915 ; et je suis affecté, en cette qualité, à l'instruction d'une escouade de jeunes volontaires, « bleus » de la classe 1916. Ils m'ont été présentés ce matin : ce sont vingt-deux petits gas, presque tous d'origine bretonne, et tous bien rablés et à l'abord sympathique. Je vais m'efforcer, de toute ma conscience, d'en faire de bons soldats et aussi, de toute mon âme, de m'en faire des amis dévoués. Je suis certain, dès maintenant, que nous nous entendrons bien et que ma tâche d'éducateur sera facile à remplir.

Paris, 31 Mai.

Nous partons demain pour Maisons-Lafitte, où nous devons passer une quinzaine de jours, en manœuvres en campagne. Une semaine s'est écoulée depuis mon installation au Bastion 82 ; elle a été laborieusement employée. J'ai pris, dès le lendemain de mon arrivée, mes nouvelles fonctions de caporal-instructeur, et, comme je le prévoyais, mes petits « bleus » ne m'ont donné que satisfaction ; traités par la douceur, ils manœuvrent maintenant comme de vieux briscards, et j'en suis fier. Tous sont d'ailleurs devenus pour moi de véritables amis, et mon plus vif désir est de pouvoir faire campagne avec eux. Ma vie s'est ainsi partagée entre de longues heures d'exercice dans le préau de la caserne et quelques marches sur les côteaux de Meudon et dans la plaine d'Issy-les-Moulineaux. La direction de Meudon a nos préférences. Le service terminé, nous nous égayons, en effet, dans les guinguettes voisines, où nous trouvons à nous restaurer et où nous organisons même de petites sauteries champêtres, dans lesquelles les poilus remplacent, trop souvent, les danseuses absentes. Entre temps, j'occupe mes loisirs en courses vagabondes à travers Paris, sans toutefois m'écarter beaucoup du quartier. J'ai surtout pris en affection le vaste parc Montsouris, qui est devenu le but préféré de mes promenades : les bobonnes y foisonnent, et un frais minois est toujours agréable à regarder. Il y a deux jours, au cours d'une flânerie entre camarades le long des remparts voisins, nous avons fait rencontre d'une pauvre diablesse qui fait métier, par occasion, de diseuse de bonne aventure et de somnambule extralucide. Pour la modeste somme de dix sous,elle lit clairement dans l'avenir de ses clients de passage. Le prix est abordable, et je m'exécute comme les autres. Elle me prédit, avec une grave assurance, que je partirai prochainement pour la guerre, que j y serai grièvement blessé, mais que « *j'en reviendrai* ». Après tout, c'est consolant.

Maisons-Lafitte, 17 Juin.

Voilà une bonne quinzaine que nous pivotons à outrance dans la campagne de Maisons-Lafitte et dans la forêt de St-Germain, où nous effectuons, alternativement, des tirs de guerre et de longues reconnaissances de jour et de nuit. C'est un régime d'entraînement intensif, qui ne rappelle que très vaguement les petites ballades de santé que nous faisions naguère, marsouins saïgonnais, dans la Plaine des Tombeaux. Que les temps sont changés ! Je suis cantonné, avec mon escouade, dans une ferme peu confortable. Nous faisons nous-mêmes notre popote, mais le bois manque. Il vient même de m'arriver, à ce propos, une fâcheuse mésaventure. Les deux lascars promus par moi aux délicates fonctions de « cuistots » ont eu l'ingénieuse idée d'endommager une clôture palissadée pour se procurer le combustible nécessaire. Mais l'autorité veillait, et le garde champêtre de la commune, surgissant inopinément, leur a impitoyablement dressé procès-verbal. Le Capitaine, saisi de cette grave affaire, m'a fait comparaître devant lui pour m'infliger généreusement huit jours de consigne : ce sont les premiers que j'encours depuis mon entrée au régiment. Le chef, sévère mais bienveillant, a d'ailleurs l'aimable attention de ne pas les faire porter à mon livret militaire. Il n'en reste pas moins acquis que c'est le pauvre « cabot », bouc émissaire de la compagnie, qui écope toujours, pour lui et pour les autres. Hâtons-nous donc de passer sergent.

Nous rejoignons demain, sans regrets, notre bastion 82.

Paris, 20 Juin.

J'ai éprouvé ce matin une poignante et joyeuse émotion en retrouvant enfin mon « petit papa ». J'ai pris la douce habitude de nommer ainsi le président D..., bien connu à Saigon, qui fut jadis pour moi, dans mes années d'enfance, un fidèle protecteur et un tuteur bienveillant et dévoué, et qui est resté, depuis lors, mon *grand ami*. En attendant son retour dans sa « chère Cochinchine », il s'est provisoirement retiré auprès de sa mère, dans un petit coin paisible de la forêt de Marly. C'est là que je lui ai écrit dès mon arrivée à Paris, et il m'a, de son côté, donné rendez-vous pour aujourd'hui. Nous nous sommes rencontrés sous le grand hall de la gare St-Lazare, et après une longue et cordiale étreinte, nous ne nous sommes quittés qu'à la nuit close.

J'irai, sous peu, passer une pleine journée avec lui, et j'en suis d'avance tout heureux.

Paris, 28 Juin.

J'ai vécu hier quelques heures de vrai bonheur auprès de mon petit papa. Nous avons vagabondé ensemble dans la jolie forêt de Marly, en compagnie de sa vieille maman qui m'a accueilli comme un fils. J'ai décidément retrouvé en France la famille qui me manquait tant.

Paris, Hôpital Polytechnique
5 Juillet.

Je me suis réveillé ce matin dans un lit de l'hôpital temporaire installé, rue Descartes, dans les vastes bâtiments de l'Ecole Polytechnique. Je suis aux « contaminés», service du docteur Chantemesse ; le cas présente donc une certaine gravité. Avant-hier, après avoir passé la journée dans une famille amie, je me suis senti, en regagnant la caserne, fort mal en train, la tête lourde et le corps brisé par une insurmontable lassitude. J'ai essayé de réagir pendant toute la journée du lendemain ; mais le mal s'aggravant avec la fièvre, l'on a dû me transporter d'urgence à l'hôpital où je suis maintenant.

Fin Juillet.
Hôpital Polytechnique.

Les journées se traînent, longues et monotones, agrémentées; cependant, dans la matinée, par des bains toniques d'eau glacée, et par un traitement plus émollient et plus intime qui rappelle celui que préconise Molière dans sa désopilante scène du « Malade imaginaire ». Les doses en sont plus copieuses lorsque le patient ne s'est pas montré tout à fait sage.

La Faculté a diagnostiqué, paraît-il, un cas de fièvre typhoïde agrémentée de gastro-entérite. Je me sens mieux maintenant et suis entré en pleine voie de guérison, grâce aux soins dévoués dont j'ai été l'objet. Je dois particulièrement une éternelle reconnaissance à l'infirmière-major de la section, Mlle L..., fille du général commandant la brigade d'Evreux, qui n'a cessé de me témoigner une affection vraiment maternelle. Son père lui-même a eu la délicate attention de venir, à plusieurs reprises, s'asseoir à mon chevet et de me réconforter par ces douces et encourageantes paroles que nos chefs savent si bien trouver, lorsqu'ils s'adressent aux petits soldats de France.

J'ai, néanmoins, hâte de mieux aller. Le régime clysothérapique de l'hôpital a du bon, mais il a assez duré et ce n'est pas précisément pour le suivre que j'ai quitté mon petit pays de Cochinchine.

Hôpital Michelet, 8 août.

Me voilà depuis deux jours au dépôt des convalescents *Michelet*, à Vanves. En somme, j'ai simplement changé de cage, et voilà tout. Je n'y ai pas gagné, d'ailleurs, et les doux soins de mes infirmières de l'Ecole Polytechnique me manquent. Mais je prends patience en songeant que ce n'est ici pour moi qu'un poste de passage, dans lequel j'attendrai que les commissions de santé m'accordent le congé de convalescence dont j'ai grand besoin après cette secousse.

Michelet, 25 août.

J'ai obtenu un congé de convalescence d'un mois. Je pars demain pour La Bretèche, où mon « petit papa » et sa mère m'attendent impatiemment.

La Bretèche, 27 septembre.

Mon congé de convalescence expire demain ; demain je rejoindrai mon dépôt et, de là, j'y compte bien, le front. J'ai passé un mois de doux repos dans ce joli petit pays, si calme,si tranquille de La Bretèche, délicieusement blotti dans un coin verdoyant de la forêt de Marly ; je l'ai passé sans souci du lendemain, entre deux cœurs qui me chérissent également, celui de mon petit papa qui m'est acquis depuis de longues années, et celui de sa vieille maman dont j'ai su gagner l'affection : celle-ci m'a même permis de l'appeler du doux nom de grand'mère, et je suis heureux, car je sens que j'ai trouvé en France une nouvelle et véritable famille. C'est le cœur bien gros que je vais me séparer de ceux qui me sont si chers ; mais je me console en songeant que leur souvenir me suivra fidèlement partout où m'appellera mon devoir de soldat.

Paris, bastion 82.
27 septembre.

Mon « petit papa » m'a accompagné jusqu'à Paris. Je l'ai quitté après une longue et intime accolade, et j'ai senti, en le serrant contre moi, que son cœur pleurait comme pleurait le mien.

Au dépôt, j'ai retrouvé mes chers camarades ; comme je le pensais, le départ pour le front est imminent, car les affaires chauffent dur en Champagne, où notre régiment est engagé : nous serons fixés demain.

Paris, 29 septembre, matin.

Nous venons de recevoir l'ordre de nous tenir prêts à quitter la caserne à deux heures de l'après-midi. C'est enfin la vraie campagne de guerre qui commence pour moi.

Troyes, 29 septembre, 10 h. matin.

Nous avons quitté la caserne de Lourcines à l'heure indiquée, pour gagner en tenue de campagne, sac au dos, musettes en bandoulière et fusil sur l'épaule, la lointaine gare de l'Est, où l'on nous embarque dans un train militaire en partance pour Troyes. Cette fois-ci, c'est sérieux, et nous nous dirigeons enfin vers le front, du côté du pays où l'on se bat. Aussi, tout est-il à la joie dans notre groupe de grands enfants insouciants, qui n'avons tous qu'un seul désir, courir sus aux Boches envahisseurs et servir utilement notre patrie. Mes camarades entonnent gaiment des refrains du pays breton, et je les accompagne sur le petit instrument de musique qui a servi, naguère, à scander nos danses du bois de Meudon. La *Marseillaise* alterne, naturellement, avec les airs un peu plaintifs du pays natal, et c'est ainsi que s'écoulent rapidement les heures du trajet.

Arrivée à Troyes à 9 heures du soir. Après rassemblement à la gare, nous nous acheminons vers le faubourg voisin de Ste-Savine, pour gagner une ferme qui doit nous servir de cantonnement pour la nuit.

Il fait noir comme dans un four ; et nous voilà tâtonnant à l'aventure à travers les ténèbres qui nous entourent : ce n'est pas chose aisée. Nous arrivons enfin. Rien n'est d'ailleurs préparé pour nous recevoir, et après un frugal casse-croûte prélevé sur nos provisions de route, nous nous installons tant bien que mal sur des bottes de paille et de foin cueillies dans les granges : dans un grenier qu'on est bien à vingt ans ! C'est incontestablement moins confortable que les moelleuses couchettes de l'hôpital, mais après tout, à la guerre comme à la guerre. Nous en verrons, sans aucun doute, bien d'autres.

Moulin de Massiges,
30 septembre, 5 heures du soir.

Ce matin, réveil au petit jour pour prendre, vers 9 heures, un train qui nous mène dans la direction du front de Champagne. Nous sommes plus calmes, plus recueillis que la veille, songeant instinctivement à l'inconnu qui nous attend demain ; les plus braves doivent, j'en suis certain, éprouver cette sensation à l'approche du danger. Le train, après avoir roulé paisiblement durant quatre heures, nous dépose en pleine campagne, la voie ferrée cessant d'être praticable ; et nous voilà, pataugeant dans la boue et fouettés par une pluie bat'ante, engagés dans la grande plaine nue. La voix sourde du canon commence à se faire entendre très distinctement, les coups succédant aux coups sans interruption ; il doit faire chaud là-bas, et la danse doit mener un train d'enfer. Nous y entrerons demain.

Après une marche pénible de vingt bons kilomètres, nous arrivons au Moulin de Massiges, crottés jusqu'à l'échine : il est environ 4 heures de l'après-midi. Ici, nous entrons en pleine zone de guerre. Partout autour de nous, ce ne sont que ruines, solitude et désolation. Pas une âme qui vive dans ces campagnes si animées naguère ; pas une maison debout. Celles-ci, éventrées par les obus, sont lamentablement effondrées et les quelques toits qui subsistent encore sont littéralement percés à jour.

L'aspect général est particulièrement impressionnant. Arrivés au Moulin de Massiges vers 4 heures de l'après-midi, nous devons en repartir après une halte de 2 heures.

Je profite de ce temps de court repos pour consigner à la hâte sur mon carnet mes premières impressions de soldat en campagne.

Massiges, 1er octobre, soir.
Dans la tranchée boche.

Aujourd'hui, mes notes seront bien remplies.

Arrivée à Massiges hier soir vers onze heures. La désolation augmente, les coups de canon aussi. Tout est en ruines. Mon capitaine avise cependant une maison moins éprouvée que les autres, et, grâce à son obligeante sollicitude, je trouve asile pour la nuit dans un petit réduit malpropre, mais garni d'une modeste couchette : cela vaut toujours mieux que le sol boueux et le ciel grand ouvert sous la rafale d'obus.

Nuit fièvreuse et agitée.

A 4 heures du matin, réveil silencieux pour nous préparer à l'attaque des tranchées boches. Nous partons baïonnettes aux canons de nos fusils et munis chacun de 120 cartouches, nous partons ainsi le ventre vide, le service de ravitaillement n'ayant pas été régulièrement assuré. La compagnie gagne rapidement les boyaux qui doivent nous mener aux tranchées de l'avant ; à chaque pas, je trébuche sur un cadavre ; et, de piétiner ainsi des choses molles et sanglantes qui sont les corps inanimés de ceux qui nous ont précédés hier, j'éprouve une sensation indéfinissable, faite de trouble et d'horreur. Cependant, l'affreux tumulte de l'artillerie augmente de minute en minute : nous entrons décidément dans la fournaise. Après un grand quart d'heure de marche pénible, nous abordons enfin la première tranchée, quelques instants de repos pour reprendre haleine, et nous voilà bondissant hors de nos abris, pour franchir au pas de charge, sous le feu nourri de l'ennemi, la distance d'environ cent mètres qui nous sépare de l'ouvrage boche. Nous abordons ses défenseurs à la baïonnette et un furieux corps à corps s'engage. Après quelques minutes de combat, le terrain est déblayé. Beaucoup de nos adversaires ont succombé ; d'autres, levant les bras en l'air, se rendent en hurlant « Kamarade ! Kamarade ! » ; d'autres, enfin, fuient en désordre. Nous occupons aussitôt la tranchée abandonnée, tandis que la colonne d'attaque qui nous suit immédiatement, continue la marche en avant vers la tranchée de deuxième ligne, qu'elle enlève à son tour.

Vers midi, les Boches, enhardis par le petit nombre que nous sommes, contre-attaquent en masses serrées et parviennent à reprendre pied dans la tranchée occupée par nos camarades, mais tous leurs efforts se brisent devant notre abri, où nous nous maintenons définitivement.

C'est de là que je trace ces lignes.

Je vais maintenant chercher un peu de repos : ce ne sera pas chose aisée, car le logis manque de confortable, La pluie commence à tomber en gouttes serrées et le lit de plume est remplacé par un lit de boue crayeuse. Enfin, je suis sain et sauf.

2 octobre, soir. Dans la tranchée.

La pluie, les obus et la mitraille ont fait rage toute la nuit. Réveil avant le jour pour nous préparer à une nouvelle attaque ; comme la veille, nous avons toujours l'estomac creux et le ventre criant famine. C'est gai et vraiment réconfortant pour l'avenir. Mais le devoir passe avant tout et ce n'est pas le moment de récriminer. Nous partons vers 5 heures du matin, munis, cette fois, de revolvers d'ordonnance et de longs couteaux à pointes effilées qui doivent nous servir de poignards. Un vigoureux élan nous mène rapidement dans la tranchée que l'ennemi nous a momentanément repris au cours de sa contre-attaque d'hier. Une véritable lutte, poitrine contre poitrine, nous rend de nouveau maîtres du terrain, et les Boches se retirent en laissant derrière eux de véritables monceaux de cadavres. Une nouvelle poussée en avant nous permet d'aborder une troisième tranchée, et nous nous arrêtons au pied même de la côte de la *Chenille*, dont les Boches occupent encore les pentes. Nous sommes vainqueurs, mais manquant toujours de tout. Pour apaiser notre faim, nous nous voyons obligés d'avoir recours aux quelques provisions que renferment les musettes des ennemis morts qui nous entourent : nous parvenons à faire ainsi une petite récolte de mauvaises croûtes de pain noir, le pain K-K sans doute, de quelques rognures de saucisson et de cognac frelaté ; de gros cigares allemands remplaceront le dessert. C'est peu, mais ce peu pris sur l'ennemi suffit à nous réconforter.

Allons dormir tant bien que mal.

3 Octobre. Dans la tranchée,
au pied de la « Chenille ».

La journée a été tout entière employée à repousser trois contre-attaques boches. Nous nous maintenons dans toutes les positions conquises hier. — « Y a du bon ! ».

4 Octobre, matin.
Dans la tranchée.

Nous partons dans quelques instants pour l'attaque de la côte même de la *Chenille.* L'on vient de nous distribuer des grenades dont nous garnissons nos musettes. Cette fois-ci, l'action s'annonce particulièrement chaude . . . .

. . . .

Sur le champ de bataille.

J'ai été grièvement blessé ce matin par un éclat de grenade lancée sur moi à bout portant et j'ai le poignet gauche fracassé. Je souffre horriblement, et je suis seul. Que va-t-il advenir de moi ? . . . .

. . . .

Ste-Menehould, 6 Octobre.

Je suis depuis hier soir à l'ambulance de Ste-Menehould, à l'arrière du front.

Ma cruelle blessure, qui a déjà subi deux opérations sommaires et deux pansements douloureux, me fait un peu moins souffrir, et un chirurgien charitable me fait même espérer que mon pauvre bras fracassé pourra être sauvé. L'on doit m'évacuer demain sur un hôpital du centre, et mes forces étant partiellement revenues, je profite de ce court répit pour tracer quelques lignes à l'adresse de mon petit papa que le sort de son enfant doit inquiéter cruellement, et pour consigner hâtivement sur mon fidèle carnet mes dernières impressions de guerre. Elles sont toutes d'horreur, et je suis surpris maintenant d'avoir pu sortir vivant de la fournaise.

Partis le 4 avant le jour, nous nous sommes lancés aussitôt à l'attaque de la première tranchée de la côte, à travers un boyau enlevé la veille à l'ennemi. La marche est rendue particulièrement pénible et difficile par une boue épaisse et gluante, faite de chairs déchiquetées et de sang, qui enlise nos pieds. Les Boches, surpris par la soudaineté de l'agression à coups de grenades, reculent progressivement devant nous et abandonnent la tranchée. Un deuxième boyau d'accès est aussitôt abordé. C'est à ce moment que notre capitaine, qui nous montre bravement le chemin, tombe à mes pieds, mortellement frappé d'une balle au front. Nous perdons en lui un chef bienveillant, presque un camarade. Mais il faut avancer, avancer toujours. Une deuxième tranchée est ainsi conquise : il est environ 9 heures du matin. C'est un adjudant qui a pris le commandement de ce qui reste de notre compagnie, et nous restons peu, hélas ! J'ai vu, en effet, tomber successivement, autour de moi, la plupart de mes petits compagnons du bastion 82, sans pouvoir leur porter secours. L'un d'eux, cependant, qui vient de s'affaisser, lève sur moi son visage si doux, des yeux mourants si désespérément tristes, que je me sens tout secoué par sa détresse et que je m'arrête auprès de lui un court instant pour le soulever dans mes bras et le réconforter de quelques gouttes d'eau que renferme mon bidon.

C'est dans le boyau qui conduit à la troisième tranchée allemande que je suis frappé à mon tour.

En soulevant un petit rideau de percale noire qui barre le passage, je me trouve soudain face à face avec un officier boche qui braque sur moi son révolver et fait feu par trois fois : les trois balles atteignent mon casque, qu'elles percent de part en part, mais dont la plaque métallique amortit heureusement la force. La riposte est rapide : j'abats mon agresseur d'un coup de grenade. Mais, derrière lui, surgit aussitôt un autre Allemand, tenant une grenade à la main. Je n'ai que le temps de me pencher instinctivement pour éviter d'être frappé en pleine poitrine, et le projectile, effleurant mon corps, vient s'abattre sur mon poignet gauche dont je garantissais ma musette. Je ressens un choc formidable qui m'étourdit momentanément. Je continue cependant à avancer, car la douleur que j'éprouve est presque nulle ; et je parviens à lancer encore une bonne vingtaine de grenades : l'une d'elles n'a pas raté le grand diable qui m'a blessé. Mais bientôt les forces m'abandonnent et je m'effondre presque, inconscient, au fond du boyau. Les heures d'angoisse que j'ai passées là, terré dans un trou creusé par une marmite, demeureront pour moi inoubliables. J'ai pour compagnon d'infortune un gas de ma compagnie, affreusement mutilé ; ses deux pouces ont été emportés et son oreille gauche littéralement arrachée. Il saigne abondamment. Ma blessure commence également à me faire endurer d'intolérables souffrances et le sang en découle à flots malgré le pansement sommaire dont mon cache nez a fait tous les frais.

Cependant, les minutes, les heures passent, lentes et lugubres. Autour de nous, le combat d'artillerie continue à faire rage. L'on perçoit nettement les coups secs de nos petits 75, le crépitement des mitrailleuses, le sourd ronflement des obus et le monstrueux éclatement des torpilles. Si cela continue, la place ne tardera pas à devenir intenable, et nous risquons fort de nous faire écrabouiller. Et puis, attendre la nuit pour prendre parti, c'est attendre certainement la mort. Nous nous décidons donc à nous éloigner coûte que coûte de cet enfer, et nous voilà nous traînant lamentablement entre les blessés et les morts dont les corps jonchent la plaine. Je constate avec satisfaction que les Boches sont en plus grand nombre que les nôtres.

Après une marche de plus de 10 kilomètres dans la direction opposée au canon, marche dont chaque pas est marqué par des efforts surhumains, nous atteignons enfin, mourant de faim, de soif et de lassitude, une tranchée française d'arrière, occupée par un détachement de territoriaux. Le capitaine, devant lequel nous nons présentons, nous reçoit d'abord fort mal, puis se radoucissant, il se transforme soudain en bourru bienfaisant,et nous emmenant avec lui dans son gourbi, il nous verse à pleins verres deux copieuses rasades de cognac. Il nous congédie ensuite avec de bonnes et encourageantes paroles; et nous voilà repartis pour suivre à nouveau la voie douloureuse. Mon copain, échauffé par l'alcool, chante à tue-tête ; et le refrain « *on les aura, on les aura, les Boches* », revient toujours, monotone et obsédant, et si triste dans la détresse où nous sommes. Une nouvelle étape, plus longue et plus pénible encore que la première, nous amène sur une large chaussée. Nous sommes fourbus, incapables de poursuivre plus loin ; et, résignés à tout, nous nous couchons sur les accotements de la route. La nuit commence à tomber, lorsque vient à passer une charrette de paysan. L'homme qui la conduit, aussitôt hélé, nous prend d'abord pour des maraudeurs, puis consent volontiers à nous faire place auprès de lui. C'est ainsi que nous arrivons, vers huit heures, à Ste-Menehould, où nous trouvons enfin soins et repos, dont nous avons également un pressant besoin. Il était grand temps. C'est peut-être le salut.

Clermont-Ferrand, hôpital mixte,
18 octobre.

Je me ressaisis aujourd'hui seulement, après plusieurs journées de cruelles souffrances et d'insurmontable torpeur.

Mon « petit papa », auquel j'ai fait écrire dès mon entrée à l'Hôtel-Dieu pour le mettre au courant de ma situation, s'est empressé d'accourir pour venir s'asseoir à mon chevet ; et sa présence auprès de moi me réconforte et me donne bon courage. Je puis maintenant rassembler mes derniers souvenirs.

J'ai quitté Ste-Menehould le 7 octobre, dans une voiture d'ambulance automobile qui m'a mené à la gare de Revigny, où j'ai été embarqué dans un train sanitaire. Je suis arrivé à Clermont après un interminable et cruel voyage de plus de 72 heures.

J'y suis d'ailleurs arrivé presque mourant. J'ai en effet appris, depuis lors, que la bonne sœur Henriette, qui me soigne comme une jeune mère soignerait son fils bien-aimé, a fait, à mon entrée dans la salle Ribeyre, allumer des cierges à la chapelle pour le petit soldat « *qui n'en avait plus pour longtemps* ».

Du voyage lui-même, il ne me reste que de vagues impressions. En voici deux, cependant. C'est, d'abord, mon passage sur la ligne de Grande-Ceinture, tout près du petit pays de La Bretèche, où j'ai passé naguère des jours heureux et où m'attendent anxieusement ceux qui m'aiment et qui me sont si chers. Puis, encore, celle-ci, dans une note plutôt comique. Sur la couchette placée immédiatement au-dessus de la mienne, geint un grand diable de Boche malodorant qui semble avoir grand' peine à digérer les pruneaux que notre petit 75 lui a fait avaler malgré lui. Il se livre, à chaque instant, à de sonores incongruités, et je le rappelle vigoureusement à l'ordre de mon bras resté valide. Ce sont alors, de sa part, d'interminables

« pardonne, pardonne, kamarade », si lamentables et si grotesques que j'en oublie mes souffrances et que je me prends à sourire.

J'ai eu la bonne fortune de trouver également ici, à côté de la bonne sœur Henriette, un brave missionnaire du pays moï d'Annam, qui a quitté momentanément sa soutane pour venir offrir ses services à la France ; il occupe, dans la salle Ribeyre, les fonctions d'infirmier-major. Le R. P. L... a aussitôt pris en particulière affection le petit *pays chaud* que je suis ; et il a pour moi des attentions touchantes. Il a d'ailleurs fait installer mon lit tout près de sa petite table de travail pour pouvoir veiller plus attentivement sur son petit malade préféré. Je garderai à ces deux cœurs d'élite une éternelle reconnaissance. Dès le lendemain de mon entrée à l'hôpital, l'état de ma cruelle blessure a empiré, et mes souffrances devenant véritablement intolérables, l'amputation de mon avant-bras gauche a été jugée nécessaire. L'opération a été pratiquée le 12 octobre dernier ; et me voilà désormais classé parmi les mutilés de la guerre.

Je me console en songeant que le sang que j'ai versé pour la France n'a pas coulé inutilement.

Mon état général est satisfaisant.

Hôtel-Dieu, 30 Octobre.

Mon « petit papa » m'a quitté ce matin en me promettant de revenir bientôt. Ma guérison fait de rapides progrès, mais je me sens toujours très faible : j'ai perdu trop de sang pendant les longues heures d'angoisse que j'ai passées sur le champ de bataille de Massiges. Mais la fièvre est tombée, mon moignon est *beau*, pour employer l'aimable expression chirurgicale ; et mon pauvre bras mutilé me fait moins souffrir. Seule, l'heure du pansement matinal est attendue par moi avec une pénible anxiété.

Hôtel-Dieu, 6 Décembre.

Je viens de passer quelques heureuses journées, dans la joie de me sentir revivre et d'avoir tout à moi celui qui me porte tant d'affection. Nous avons vagabondé ensemble à travers les rues de Clermont, et le soleil se mettant de la partie, tout semblait me sourire, depuis les robustes et fraîches Auvergnates jusqu'aux antiques et sombres masures de la vieille cité gauloise.

Hôtel-Dieu, 1er Janvier.

Cette journée du nouvel an, du premier nouvel an que je passe seul, loin des miens, m'a paru particulièrement triste et maussade. Je l'ai passée tout entière à l'hôpital sans éprouver le désir de me distraire ; j'avais fait de même à l'occasion de la fête de Noël.

Hôtel-Dieu, 15 Janvier.

Je n'ai réellement pas de chance. Une complication survenue dans l'état de ma blessure a nécessité une petite opération supplémentaire et, pour la cinquième fois, je me suis étendu sur le *billard*. L'on a extrait de ma plaie une petite esquille qui y était logée et faisait obstacle à la cicatrisation. J'espère que tout va aller rapidement maintenant et que c'est là la dernière épreuve que j'aurai à subir.

Clermont, 22 Janvier.

Ce matin, à mon réveil, l'excellent père L... m'aborde d'un air joyeux, le visage tout souriant. Il me remet, de la part du chef du service de santé, une note officielle que je lis avec une douce émotion. Je la transcris ici textuellement.

GRAND QUARTIER GÉNÉRAL
des
Armées de l'Est

ÉTAT-MAJOR
Bureau du personnel

Au G. Q. G.
le 16 décembre 1915.

ORDRE N° 2187 D. (*Extrait*)

La médaille militaire a été conférée au militaire dont le nom suit :

Can François, caporal au 23e Régiment d'Infanterie Coloniale.

Blessé grièvement à son poste de combat, le 4 octobre 1915 ; a fait preuve de courage et d'énergie. Amputé de l'avant-bras gauche.

La présente nomination comporte attribution de la Croix de guerre avec palme.

Signé : J. JOFFRE.

Le Gouvernement de la République a généreusement récompensé les services que j'ai pu rendre à ma patrie au prix de mon sang ; j'en suis heureux et fier.

27 Janvier, matin.

Je me lève tout dispos, presque guéri. Le jour, impatiemment attendu, de la remise des décorations, est enfin arrivé, et après avoir été à la peine, je vais être à l'honneur.

Je me sens le cœur plein de joie, d'une joie à laquelle se mêle un peu l'amertume de me sentir seul, loin de ceux qui me sont chers. Un grand bonheur m'est cependant encore réservé. Vers neuf heures, la porte de la salle Ribeyre s'ouvre toute grande, et le père L... annonce solennellement : « Une visite pour le caporal François ». Derrière lui, je vois paraître la figure aimée de mon « petit papa », qui, prévenu à temps, n'a pas voulu manquer cette occasion de venir embrasser son enfant et prendre part à son bonheur. Maintenant, je suis complètement heureux, je ne suis plus seul.

9 heures soir, hôtel Terminus

Je suis auprès de mon « petit papa », en permission de 24 heures. La cérémonie de remise des décorations a eu lieu cet après-midi, au dépôt des convalescents Richelieu, installé dans les bâtiments du grand séminaire de Clermont.

A deux heures précises, le bataillon de service du 13e de ligne pénètre dans la vaste cour, clairons et tambours en tête ; le contingent clermontois des jeunes recrues de la classe 17 le suit ; les petits « bleus », en tenue mais sans armes, défilent crânement devant nous. Tous se rangent sur trois des côtés du grand quadrilatère ; notre petit groupe des mutilés de la guerre en occupe le quatrième, face à l'entrée. Nous sommes là une quinzaine d'éclopés, et avec nous, un enfant en deuil. C'est le fils du colonel de Colbert, tué à son poste de combat : le petit orphelin vient recevoir la Croix de guerre décernée à son père par la Patrie reconnaissante, qui honore ainsi le souvenir du mort glorieux.

Cependant, le colonel Escudier, à cheval, escorté d'un groupe d'officiers, fait son entrée. Le ban est aussitôt ouvert ; les clairons sonnent, les tambours battent aux champs. Puis la cérémonie commence. Le colonel met pied à terre. Lorsqu'il s'arrête devant moi pour lire à voix haute et claire la citation à l'ordre de l'Armée dont j'ai fait l'objet et pour agrafer sur ma poitrine les insignes des décorations qui m'ont été décernées, une poignante émotion m'étreint le cœur ; elle augmente encore lorsque l'officier supérieur, m'interpellant paternellement, me dit : « Tu souffres encore, mon petit ? ». C'est ainsi que nos chefs ont trouvé le secret à nous attacher à eux par les liens d'inaltérable et respectueuse affection. Le colonel se place à notre droite, et les troupes de parade, réservistes déjà mûrs que la guerre a rappelés sous les drapeaux et jeunes bleus imberbes qui viennent d'entrer dans la carrière, défilent en bon ordre devant nous. Maintenant, tout est fini. Je me hâte d'accourir vers mon «petit papa»,qui ne m'a pas quitté des yeux pendant toute l'émouvante cérémonie. Une étroite accolade nous unit : il m'embrasse pour lui et pour tous les absents qui me sont chers.

Hôtel-Dieu, 1er mars.

Il a failli, ce matin, m'en arriver une sévère.

La sanglante bataille de Verdun ayant amené, dans les hôpitaux du centre, un encombrement de grands blessés, tous les hommes valides de notre salle Ribeyre doivent être évacués sur les dépôts du Midi, pour céder la place aux arrivants. Si je suis compris parmi ceux qui doivent partir, adieu le congé que j'attends avec une légitime impatience après cinq longs mois de souffrances et de réclusion.

J'ai pu, fort heureusement, éviter la tuile qui me menaçait, grâce à l'intervention du docteur Maisonneuve dont la douce et bienveillante protection n'a cessé de s'étendre sur moi depuis mon entrée à l'hôpital.

Le souvenir de cet excellent homme restera à jamais gravé dans mon cœur.

Clermont, 5 mars.

La Commission de santé, réunie à l'Hôtel-Dieu, vient de m'accorder un congé de convalescence de trois mois. Je pars ce soir pour La Bretèche, où j'attendrai patiemment la liquidation de ma pension de retraite.

Adieu donc la vie militaire que j'aimais tant ; adieu l'élégante tenue de marsouin que j'étais si fier de porter ; adieu aussi les chers camarades dont j'ai partagé pendant longtemps les joies et les peines, et auxquels j'étais si étroitement attaché.

Bientôt va se terminer ma trop courte carrière de petit soldat de France. Elle ne sera plus pour moi qu'un souvenir bien cher, et je reviendrai un simple *Vaseux*, pour employer la pittoresque expression dont se servent, dans leur argot de caserne, nos marsouins saïgonnais pour désigner ceux qui n'ont pas l'honneur de porter l'uniforme.

La Bretèche, avril-mai 1916.

SAIGON, IMP. A. PORTAIL.

97-4

www.ingramcontent.com/pod-product-compliance
Ingram Content Group UK Ltd.
Pitfield, Milton Keynes, MK11 3LW, UK
UKHW021015220726
13924UKWH00002B/992